어린이 인권 선언

제1조 모든 어린이는 자신이나 가족의 인종, 언어, 종교, 남녀의 구별과 정치적 또는 다른 사상과 국가나 사회 출신, 재산, 신분 때문에 차별을 당하지 않을 권리가 있다.

제2조 어린이는 신체적으로, 지적으로, 도덕적으로, 정신적으로, 사회적으로 건강하고 정상적인 방식과 자유와 존엄 가운데 성장할 수 있도록 법적으로나 다른 방법으로 특별히 보호받아야 한다.

제3조 어린이는 태어날 때부터 이름과 국적을 가질 권리가 있다.

제4조 어린이는 사회 보장 혜택을 받아야 한다. 올바른 성장과 발달을 위하여 출산 전후의 어머니와 어린이에게 도움과 보호가 필요하다. 어린이는 음식, 집, 놀이와 질병 치료의 권리가 있다.

제5조 신체적, 정신적, 또는 사회적으로 장애를 가진 어린이는 그 상황에 맞는 특별한 치료와 교육, 그리고 보호를 받아야 한다.

제6조 어린이가 완전하고 조화롭게 자라기 위해서는 사랑과 이해가 필요하다. 어린이는 부모의 보호와 책임 속에서 자라야 하며, 어떤 경우에도 어머니와 떨어져서는 안 된다. 사회와 공공 기관은 가족이 없거나 생계 수단이 충분하지 못한 어린이를 특별히 보살펴야 할 의무가 있다. 어린이를 키우는 가족을 위해 국가나 다른 기관에서 보조금을 지급해야 한다.

제7조 어린이는 적어도 초등 과정에서 무료 의무 교육을 받을 권리가 있다. 어린이는 문화적 소양을 개발하고 자신의 능력과 판단력, 도덕성, 사회적 책임감을 개발하여 사회에 꼭 필요한 구성원이 될 수 있도록 평등한 교육을 받아야 한다. '어린이 우선의 이익'은 어린이 교육과 방향성에 책임을 지는 지침이어야 하며, 이 책임은 어린이의 부모에게 있다. 어린이는 재미있는 활동과 놀이 기회를 충분히 가져야 한다. 사회와 공공 기관은 어린이가 이 권리를 누릴 수 있도록 노력해야 한다.

제8조 어린이는 어떠한 상황에서도 가장 먼저 보호받고 구조되어야 한다.

제9조 어린이는 방임, 학대, 착취로부터 보호받아야 한다. 어린이는 어떤 형태로든지 매매되어서는 안 된다. 어린이는 적절한 나이에 이르기까지 노동을 착취해서는 안 된다. 어린이는 건강 또는 교육에 해를 입거나 신체적, 정신적, 도덕적 발달에 방해를 받는 일을 하는 처지에 놓여서도 안 되고, 그런 상황을 강요받아서도 안 된다.

제10조 어린이는 인종과 종교, 그 밖의 모든 형태의 차별 받는 관습에서 보호를 받아야 한다. 어린이는 인간 상호간의 이해, 관용, 우정, 평화, 그리고 보편적인 형제애의 정신으로 키워야 한다. 또한 어린이는 자신의 힘과 재능을 자신의 동료들을 위해 헌신해야 한다는 자각 속에서 키워야 한다.

어린이는 사회보장 혜택을 받아야 한다

완벽한 세상

호이 베로카이 지음 | 엘비오 아리스멘디 그림 | 홍성림 옮김

글쓴이
호이 베로카이는 우루과이의 저명한 언론인이자 소설가이자 동화 작가이다. 1986년에 첫 소설을 출간해서 널리 사랑을 받았으며, 지금까지 20권 가까운 작품을 출간했다.

그린이
엘비오 아리스벤디는 플라스틱 공예, 그래픽 디자이너, 일러스트레이터 등 다양한 재능을 지닌 우루과이의 예술가다. 우루과이와 아르헨티나, 그리고 브라질에서 25년 동안 수많은 창작 활동을 하였다.

옮긴이
홍성림은 성균관대학교 중문과를 졸업하고 문화관광부에서 일하다가 현재는 한국간행물윤리위원회에서 일하고 있다. 틈나는 대로 번역도 하고 있으며 헨리 페트로스키의 〈연필〉을 우리말로 옮겼다.

완벽한 세상
호이 베로카이 지음 엘비오 아리스멘디 그림 홍성림 옮김

초판 1쇄 인쇄일 2012년 6월 15일 초판 1쇄 발행일 2012년 6월 25일
발행처 지호 발행인 장인용 출판등록 1995년 1월 4일 등록번호 제10-1087호
주소 경기도 고양시 일산동구 호수로 662 삼성라끄빌 1319호 전화 031-903-9750 팩시밀리 031-903-9969 이메일 chihobook@naver.com

잘못된 책은 구입하신 곳에서 바꾸어 드립니다.
ISBN 978-89-5909-063-73870 ISBN 978-89-5909-037-2 (세트)

UN MUNDO PERFECTO by Roy Berocay, Illustrations by Elbio Alismendi
Copyright © 2000, by Roy Berocay Illustrations by Elbio Alismendi. All rights reserved.
This Korean edition was published by Chiho Publishing House in 2012 by arrangement with DANIEL DOGLIOLI LITERARY AGENCY through AMO AGENCY, Seoul.

이 책의 한국어판 저작권은 아모 에이전시(AMO AGENCY)를 통한 저작권자와의 독점계약으로 지호출판사에 있습니다.
저작권법에 의해 한국 안에서 보호를 받는 저작물이므로 무단 전재와 복제를 금합니다.

어린이 인권 선언
제4조

어린이는 사회보장 혜택을 받아야 한다. 올바른 성장과 발달을 위하여 출산 전후의 어머니와 어린이에게 도움과 보호가 필요하다. 어린이는 음식, 집, 놀이와 질병 치료의 권리가 있다.

머리말

내가 살고 있는 멕시코의 부에나비스타 버스 터미널에 가면 많은 아이들이 모여 있는 것을 볼 수 있다. 그 아이들이 갈 수 있는 곳은 오직 마약에 빠져드는 길이다.

    길거리 아이들의 흥미로운 특징의 하나는 정서적 교감의 대부분을 길거리의 개들과 나눈다는 것이다. 길거리 아이들은 너 나 할 것 없이 네 다리를 가진 친구가 있다. 길거리 아이들에게는 개가 세상의 모두이다. 개를 베개처럼 베기도 하고, 이불처럼 뒤집어쓰기도 한다. 개가 곧 아빠이고 엄마이고, 심지어 집이기도 하다. 아이들이 개와 헤어진다는 것은 사랑하는 것을 잃는다는 뜻이다.

    길거리 아이들은 상당한 유머 감각이 있어서 사람들을 즐겁게 한다. 우리들 대부분은 그 아이들을 돕고 싶어 한다. 하지만 아이들은 다른 사람들의 도움을 진심으로 받아들이지 않는다. 나는 그 터미널에서 살던 소년 소녀 몇 명을 기억한다. 그들은 거기서 자유분방한 여행자들 사이에서 살고 있었다. 그 아이들은 자기들을 입양하고 싶어 하는 마음씨 좋은 부인들이 있었다고 말하곤 했다. 몇몇 아이들은 "저를 원하는 부인들이 정말 엄청 많았어요. 어떤 부인은 뚱뚱하고, 어떤 부인은 빼빼 말랐어요. 누구를 따라가야 할지 모르겠더라고요." 사실 이 아이는 아무도 따라가고 싶지 않았다. 왜냐하면 아무도 그 아이를 감동시킬 수 없기 때문이다.

    거리의 아이들이 진심으로 원하는 것은 무엇일까? 그 소년 소녀들은 어떻게 대화를 할까? 그 소년 소녀들은 무엇에 대해 이야기를 할까? 그 아이들이 찾는 것은 구체적으로 무엇일까? 절대 잊지 말아야 할 것은 그 아이들이 보통 사람들을 절대 믿지 않는다는 사실이다.

언제나처럼 그는 정원을 가로질러서 현관 앞 계단 셋이 있는 앞까지 걸어간 다음에 멈췄어. 그리고 나무로 된 커다란 문을 두려운 듯이 올려다보았지. 안으로 들어 갈수록 두려움이 점점 더 커졌어. 모든 것이 완벽했지. 크고 편안해 보이는 소파와 장작이 활활 타고 있는 난로, 진한 붉은색의 멋있는 타일, 커다란 창문을 통해 들어오는 눈부실 정도로 하얀 빛살까지 완벽하지 않은 것은 아무것도 없었어. 넓은 거실과 커다란 부엌을 지나면 바닥에서부터 크고 웅장한 계단이 있었지. 그게 바로 침실로 통하는 계단이었어.

루이는 계단 앞으로 다가갔어. 그리고 발을 들어 올리려고 했지만 발을 들 수가 없었지. 가끔은 이럴 때가 있었지만 당황스러운 일은 아니었어. 이렇게 발이 떨어지지 않을 때면 뒤로 물러났다가 다시 하면 되는 경우가 종종 있었거든. 그런데 발이 또 떨어지지 않았어. 그렇지만 루이는 짜증을 내지 않았지. 어떻게 해야 할지를 알고 있었기 때문이야. 세 번째 시도를 했을 때 마침내 첫 번째 계단에 오를 수 있었어. 그 다음부터는 쉽게 다음 계단을 오를 수 있었지.

복도를 따라 걸어가다가 세 번째 문이 나오자 안으로 들어갔어.

그는 기분이 좋아서 가볍게 웃었어. 한 편에는 침대가 있고, 다른 한 편에는 책이 빼꼭한 책장이 있었어. 그리고 책상 위에는 컴퓨터가 있었지. 그리고 장난감도 아주 많았어. 어떤 것들은 선반 위에 있고, 초록색 카펫 위에도 널려 있었어. 놀아 줄 주인을 기다리고 있는 그 많은 장난감들은 하나같이 갖고 싶어 하던 것들이었지.

루이는 무엇부터 해야 할지 몰라서 방 한가운데 우두커니 서 있었지. 하고 싶은 게 너무 많았기 때문이야. 장난감 기차를 가지고 노는 것은 어떨까? 아직 조립도 하지 않은 기차들이 상자에 들어 있었지. 아니면 누군가에게 재미있는 이야기를 들려달라고 할 수도 있을 거야. 아니면 또 다른 걸……. 드디어 할 일이 생각났지. 루이는 침대에 다가가 그 위에 누웠어. 침대 위에 늘어뜨린 덮개를 장식한 별들을 쳐다보았어. 긴 불꽃을 꼬리처럼 달고 있는 별똥별도 있었지. 루이는 그 모든 것을 한눈에 쭉 훑어보고는 눈을 감았어. 잠시 여러 장면이 뒤죽박죽으로 뒤엉킨 채로 떠올랐어.

루이는 눈을 뜨고 안도의 한숨을 쉬었지. 별똥별은 그대로 있었어.

"열이 나요!" 그는 울먹이며 외쳤어.

이마에서 약한 열이 있는 게 느껴졌어. 루이는 다시 미소를 띠었지. 엄마를 불러야 하는 이 순간이 언제나 가장 좋았어.

"엄마!" 그는 울음 섞인 목소리로 다시 외치며 방문 쪽을 바라보았어.

엄마가 방으로 들어올 때면 심장이 어느 때보다 심하게 두근거렸지. 마치 북을 두드리듯이. 루이는 몸에 전기가 흐르는 것 같은 찌릿한 느낌이 들었어. 마치 아주 센 간지럼 같기도 하고, 또는 개미 떼가 그의 팔과 다리와 뺨을 따라 행진하는 듯한 찌릿함이 느껴지기도 했어.

"얘, 루이야……, 왜 그러니 아들아?" 부드럽고 달콤한 목소리가 들렸어. "어디 아프니?"

루이는 말없이 고개만 끄덕였지. 엄마는 안경을 쓰고 있었고, 아담한 몸매에 검은 머리카락을 늘어뜨리고 있었어. 엄마가 다가와 이마를 짚어봤지. 루이는 엄마의 부드러운 손길이 좋았어. 다시 눈을 감자 아까 그 혼란스러운 장면들이 또 나타났지. 어떤 여자가 그에게 소리를 지르고 있었는데 소리가 점점 더 커졌어. 루이는 눈을 다시 뜨고 엄마를 바라봤어. 루이는 울고 싶었지만 눈물이 나지는 않았지. 슬프지는 않았기 때문이야. 무어라 설명할 수는 없었지만 뭔가 다른 느낌이었어. 루이는 자주 밖으로 뛰쳐나가 멀리 도망가고 싶다는 생각이 들곤 했어. 아니면 별 다른 이유 없이 무엇인가를 부수고 싶기도 했어. 그렇지만 지금은 그러고 싶지 않았지. 곁에 엄마가 있었으니까.

"열이 좀 있는 것 같구나. 의사 선생님을 부르는 게 좋겠다."

몇 분 뒤에 하얀 가운을 입고 젊고 키가 큰 의사가 도착했어. 의사는 루이에게 다가와 이름을 불러주며 "아--" 하고 입을 크게 벌리라고 했어. 의사가 돌아가자 엄마가 루이의 이마를 다시 한 번 짚고 뺨도 쓰다듬어 주었어.

"조금 나아졌지, 그렇지?"

당연히 루이는 편안함을 느꼈어. 루이는 엄마가 껴안아 주기를 바랬어. 어쨌거나 루이는 여러 가지 선택 중에서 포옹을 고를 수 있었고, 그래서 더 기분이 좋아졌어.

루이는 침대에서 일어나서 장난감들을 가지고 놀 수도 있었지. 루이는 이미 작은 기차 장난감을 바라보고 있었지만 지금 당장 하고 싶은 놀이는 아니었어. 장난감들은 전부 멋진 것이었고 아직 한 번도 가지고 놀지 않은 것도 있었거든. 그렇지만 이 순간만큼은 어떤 장난감 놀이도 하고 싶지 않았지. 루이는 밖에 나가 축구를 할까, 아니면 침대에 누워서 아빠가 퇴근할 때를 기다릴까 하고 생각했어. 그러다 마침내 결정을 하고 문을 바라보며 열릴 때까지 움직이지 않고 기다렸지.

"루이야!" 아빠가 그를 반갑게 불렀지. "네가 자는 줄 알았다."
아빠는 키가 크고 늘씬하며 멋진 은색 머리카락이었지.
"뭘 하고 싶니?" 하고 아빠가 물었어.
동화책을 읽어 달라고 루이가 대답했지. 아빠는 책장으로 가서 책을 한 권 뽑아 침대 가장자리에 앉았어. 책을 읽기 전에 아빠는 루이의 이마를 만져 보자 다시 찌릿한 전기가 오는 걸 느꼈어.
늘 그렇듯이 아빠가 읽어 주는 이야기는 아주 짧았어. 루이는 마음속으로 영웅들과, 그들이 벌이는 많은 장면들을 그려 볼 수 있었지. 몸이 점점 줄어들기도 하고, 반대로 점점 커지기도 하는 마법의 약을 마신 소녀가 등장하기도 했어. 우스꽝스러운 모자를 쓰고 다니는 언제나 바쁜 하얀 토끼를 생각하면 웃음이 났지. 아빠는 루이가 이야기를 듣고 상상의 나래를 마음껏 폈다고 생각해서 책을 다시 책장에 꽂고 방을 나갔어.

아빠가 나가자 루이도 얼른 일어나 자기가 가장 좋아하는 팀의 티셔츠를 골랐어. 집을 나서자 루이는 밖으로 달려 나가 작은 축구장으로 갔지. 축구장에는 시합할 준비를 벌써 다 마친 아이들이 루이를 기다리고 있었어. 루이가 자기 포지션을 찾아 가자 시합이 바로 시작되었어. 루이는 공을 몰고 상대 골을 향해 달렸어. 페널티 박스 근처에서 강한 슛을 날렸지만 상대 골키퍼가 한쪽으로 몸을 날리며 슈퍼맨처럼 팔을 뻗어 잡았어.

루이는 자기 포지션으로 돌아왔지. 그리고는 자기 코너에 있는 상대 선수의 발에서 공이 떨어지는 것을 보았어. 루이는 재빨리 달려가서 그 공을 가로채서 상대 골문을 향해 공을 몰고 달려갔지. 곁에 한 선수가 따라 오고 있었지만 루이는 신경 쓰지 않고 계속 달렸어.

루이는 두 번째로 페널티 박스에 도달하자마자 몸을 틀어 방향을 바꿨어.

이번에는 골문 정면에서의 롱슛이었지. 골키퍼가 아까처럼 몸을 쭉 뻗었지만 이번에는 공을 막지는 못했어.

우레와 같은 함성이 터져 나왔지. 팀 동료 선수들이 루이에게 환호를 보냈어. 게임은 그렇게 끝이 났고 상대 선수들은 머리를 숙이고 힘겹게 걸었지.

루이는 자신의 시계를 바라보았어. 원한다면 한 게임 더 할 시간은 있었지만 집으로 돌아가기로 했지.

밖에서 보면 루이의 집은 정말 멋졌어. 2층짜리 높다란 집은 벽도 널찍했고 지붕과 굴뚝까지도 진한 빨간색 타일로 장식되어 있었지. 집 앞 마당에는 여러 가지 나무가 자라고 있으며, 루이도 좋아하는 미끄럼틀과 해먹도 있었거든. 그렇지만 루이는 마당에서 놀지 않고 바로 집으로 들어갔어. 엄마 아빠가 미소로 그를 반겼지.

"우리 귀여운 아들이 왔구나! 루이야, 오늘 시합은 어땠니?" 하고 아빠가 말을 걸었지.

"기분이 좋아 보이는구나, 어서 오너라!" 엄마도 반갑게 맞으며 의자를 가리키며 "이리 와 앉아라!" 하고 이야기했지.

그러나 루이는 한 발자국도 움직이지 않고 그대로 선 채로 말없이 바라보고만 있었어. 너무나 좋은 엄마 아빠가 있고, 벽난로에서는 붉은 불꽃이 마치 둥지 안의 작은 뱀처럼 일렁이고 있었지. 집 안의 모든 것이 너무 깨끗하고 빛이 나고 아름다웠어.

다시 한 번 목에 이상한 느낌이 들고 두 눈이 촉촉이 젖었어. 눈을 감자 또 다른 장면이 보였지. 엄마가 아닌 늙은 여자가 계속 소리를 지르고, 아빠가 아닌 험상궂은 남자가 루이에게 다가오며 욕을 해대고 있었지. 그 남자가 험상궂게 계속 다가오고, 그리고……

"우리는 무척 너를 사랑한다, 루이……." 아빠가 이 말을 하며 입가에 미소를 띠었지.

"맞아, 우리가 너를 얼마나 사랑하는데……." 엄마도 부드럽게 말했지.

루이는 두 눈을 뜨고 흐릿하게 보이는 두 사람을 쳐다봤어.

종료 10초 전

이런 글이 그의 엄마 아빠의 모습을 가리며 눈앞에 나타났어.

루이는 게임이 끝나길 바라지 않았지. 모든 게 그가 딱 좋아하는 상태였기 때문에……, 이렇게 완벽한 레벨까지 도달하는 데 많은 시간이 걸렸는데, 이제는…….

종료 5초 전
계속하시겠습니까?
네/아니요

물론 루이는 계속하고 싶었지. 무슨 이런 바보 같은 질문이 다 있어? 누가 그런 질문을 써놨는지 모르지만, 정말 멍청이 같은 사람이라고 생각했지. 루이는 호주머니를 뒤졌지만 아무것도 없었어.

게임 종료

그의 두 눈 앞에는 마지막 장면이 사라지지 않아서 마치 얼어붙은 듯 멈춰 있었지. 그의 엄마 아빠, 소파, 그리고 난로의 불꽃까지 움직임이 없었어. 심지어는 창문을 통해 들어오는 밝은 빛마저도 덫에 걸린 듯 멈춰 있었어. 창백한 빛이 마치 공중에 떠 있는 것 같았지.

"이 봐, 이제 끝났잖아! 어디선가 목소리가 들렸어. 뭘 기다리는 거야?"

"알았어, 알았다고! 간다고……." 루이가 대답했어.

그는 입체 안경을 벗고, 머리에 썼던 헬멧도 그 위에 달린 케이블들이 엉키지 않도록 조심스럽게 벗었어. 그리고 게임기 앞에 있는 커다란 검은 상자에 연결된 장갑을 상자의 고무 레이스 장식 안으로 밀어 넣었지. 그리고는 두 계단을 내려와 이제 막 게임을 시작하려는 옆의 다른 아이에게 그 물건들을 넘겼어. 루이는 아직도 눈이 젖어 있는 것을 느꼈지. 다른 아이가 그런 루이를 쳐다봤어.

"어땠어?"

"응, 재밌어!"

"어떤 모드로 했어?"

"아프고, 동화 이야기 듣고, 축구하는 거."

"아픈 거? 난 한 번도 해본 적 없는데. 재미있어?"

"그저 그래!" 루이는 귀찮다는 듯이 대꾸했어.

"동전 더 없어?" 다른 아이가 물었지.

루이는 아무 대답도 하지 않고 두 손을 바지 주머니에 찔러 넣고 벌써 게임기 위로 올라가 헬멧과 장갑을 끼고 있는 다른 아이를 바라보았어. 그 아이는 벌써 시작 버튼을 누르고는 텔레비전에 나오는 판토마임 배우처럼 움직이기 시작했지.

루이는 잠시 지켜보면서 게임의 모든 단계를 하나씩 그려 보았어.

이제 그 아이는 집으로 들어갈 것이고 계단을 향해 가겠지. 부모 선택 옵션 10가지 중에서 어떤 부모를 선택할까? 그리고 침실은 어떤 걸 고를까? 아픈 아이 역할을 고를까? 그리고 엄마 아빠가 돌봐 주는 방식에 만족을 할까?

루이는 이제 그만 나가야겠다고 생각했어. 밖에는 자동차들이 길거리를 달리고 있었지. 눈에 불을 키고 다니는 표범이나 야생 동물처럼 자동차들이 등을 켜고 무리를 지어 달리고 있었어. 그래도 아직 완전히 깜깜한 밤은 아니었지.

루이는 텔레비전, 오디오, 옷, 신발 가게들이 늘어선 길을 따라 걸었어. 그리고 몇 번은 멈춰 서서 가게에 전시된 물건들을 구경했지. 그 가게 점원이 나와서 쫓을 때까지 말이야.

　신호등 바로 옆 길모퉁이에 귀예와 마리아가 있는 것을 보았어. 그 아이들의 얼굴과 손이 아주 더러웠고 찢어진 청바지에 신발은 다 헤져 너덜거렸어. 신호가 빨간불로 바뀌자 그 두 아이들은 차에 다가가서 앞 유리창을 닦기 시작했어. 루이는 그 자리에서 그 모습을 바라보았지. 늘 그렇듯이 어떤 운전자들은 아예 창문을 내리지도 않은 채로 닦지 말라고 고개를 저었어. 또 아주 드물지만 값싼 차를 모는 어떤 운전자들은 손을 내밀어 루이의 친구들에게 동전 몇 개를 건네주기도 했지. 어떤 운전자들은 운전대 앞에 조각상처럼 앉아서 미동도 하지 않았어. 그들은 눈길도 한 번 주지 않거나 휴대폰으로 통화하는 데 열중했어. 신호등이 다시 초록색으로 바뀌자 귀예와 마리아는 루이에게 다가왔어.

　"야! 오늘은 어땠어?" 귀예가 유리 닦는 걸레에서 뚝뚝 떨어지는 물을 양동이로 받으며 소리쳤지.

　"기가 막혔어." 루이가 대답했지. "내가 환상적인 골을 넣었잖아. 그래서 이겼어."

　"오늘도 아픈 거였어?" 하고 마리아가 물었지.

　"물론이지!"

"나는 아픈 게 좋아. 한 번은 아픈 척 해서 앰뷸런스 타고 병원에 실려 갔는데, 우리 엄마 아빠가……." 마리아가 잠시 머뭇거렸지. "나랑 같이 앰뷸런스 타고 양쪽 의자에 엄마 아빠가 함께 앉아서 같이 갔잖아."

루이는 아무 말도 하지 않았어. 그가 아는 한 '마법의 집 게임'에 그런 옵션은 없었지. 루이는 그런 옵션을 본 적이 없었지만, 마리아가 이야기를 잘 지어낸다는 걸 이미 알고 있었기에 잠자코 있었지.

신호등이 다시 빨간색으로 바뀌었어.

루이도 재빠르게 걸레를 들고 차도로 내려가 자동차들 사이로 걸어갔어.

"선생님, 앞 유리창 닦아드릴까요?" "유리창 닦아드릴까요? 사모님!"

그는 차창 너머 운전자들의 얼굴을 쳐다보았어. 그들 대부분은 꿈쩍도 하지 않았지. 루이는 그들이 실제 사람 같아 보이지 않는다고 생각했어. 어쩌면 그가 게임 속에서 선택했던 안경 쓴 아담한 부인과 날씬한 은발의 아저씨 모습이 오히려 더 실제 사람들 같았지. 게임 속의 부모는 소파에 앉아 그에게 말을 걸어 주고, 웃어 주고, 동화를 읽어 주기도 했지. 그들과 달리 운전자들이 오히려 유리창 스크린 뒤에서 연기를 하는 배우들처럼 보였어.

루이는 고개를 들어 하늘을 보니 날씨가 흐려 있었어. 그러나 비가 올 것 같지는 않았지. 어쩌면 친구들과 적어도 한 시간 정도 더 신호등 옆에 있어야 할 것 같았어. 자동차 유리창을 걸레로 닦으며 루이는 그들의 따뜻한 손길이 이마를 어루만지고 있다는 느낌이 들었지. 그리고 그의 이름을 부르는 달콤한 목소리가 아직도 들려왔어.

루이는 눈을 감고 싶지 않았어. 그리고 몇 달 전에 도망쳐 나온 곳을 바라보았지. 루이는 그곳에서 소리를 질러대는 그 사나운 여자와 난폭한 남자와 살았어. 밤 동안에는 거기가 생각이 날 거야.

　하지만 지금은, 어쩌면 운이 좋아서 오락실에 다시 갈만한 동전을 얻을 수도 있을지 몰라. 그리고 다른 남자 여자 아이들과 버스 정류장 바닥에서 잠들기 전에 오락실에 들르면 그 '마법의 집'을 다시 가 볼 수도 있겠지.

더럽고 가난하고 집이 없는 아이들도
사회보장의 혜택을 누릴 권리가 있다.

이 책 판매액의 일부는 유니세프 한국위원회를 통해 세계 어린이 돕기 기금으로 쓰입니다. unicef